G. SCHIRMER OPERA ANTHOLOGY

ARIAS FOR
BARITONE

Compiled and Edited by
Robert L. Larsen

ISBN 0-7935-0403-1

G. SCHIRMER, Inc.

DISTRIBUTED BY

HAL•LEONARD®
CORPORATION

7777 W. BLUEMOUND RD. P.O. BOX 13819 MILWAUKEE, WI 53213

ROBERT L. LARSEN, editor and compiler of this anthology series, brings to the project experience from both professional opera and the academic realm. He is founder and artistic director of one of America's major opera festivals, the critically acclaimed Des Moines Metro Opera, and since the company's founding in 1973 has been conductor and stage director for all of its main stage productions. Since 1965 he has also been chairman of the department of music at Simpson College in Indianola, Iowa, and during his tenure the department has received national recognition and awards for its serious and extensive program of operatic training for undergraduates. Dr. Larsen holds a bachelor's degree from Simpson College, a master's degree in piano performance from the University of Michigan, and a doctoral degree in opera conducting from Indiana University. He is highly regarded as an opera coach and accompanist, and has assisted in the training of many artists with significant operatic careers.

The editor wishes to dedicate these volumes to the memory of Douglas Duncan, colleague and friend.

Editorial Advisor: Richard Walters
Aria Text Editor and Translator: Martha Gerhart
Assistant Editors: Patrick Hansen, William Casey
Music Engraving: Sangji International

On the cover: "L'opéra de Paris" by Raoul Dufy
Used by permission of The Phillips Collection, Washington, D.C.

CONTENTS

FOREWORD

It has been a pleasure to reflect on the enormous repertory that the world of opera affords, and to choose from it a group of important and representative arias for soprano, mezzo-soprano, tenor, baritone, and bass to be included in these anthologies of opera arias.

In making these selections, I confess that I have not applied a constant criterion or standard, but rather have chosen to alter my perspective with each volume. All of these collections are intended to be of particular use to students and teachers of voice. Thus the soprano volume, for example, concentrates on lyric arias, rather than venturing very far into the rich material for coloratura, spinto, or dramatic voices.

The other volumes include the lyric arias most often sung by student voices, but also include other significant arias for a voice-type. For instance, I can't imagine a young baritone who would not be inspired by looking through the wonder of the Prologue from *I Pagliacci* within the confines of his practice room, or a tenor who doesn't anticipate with excitement the day when "Che gelida manina" may fit his voice like a glove. On the other hand, I have omitted some important repertory, such as many of the great Verdi baritone arias, because they are widely available, and are certainly the province of only the most experienced performer. Instead, I have chosen pieces of value not previously found in such collections, including arias in English for each voice-type.

Each aria has been painstakingly researched in preparing these new editions, creating what I believe will be an eminently credible and useful source for this music. There are countless incidents where notes or words have been corrected to create a more substantiated presentation than in previous editions. Throughout the collections, one will find many spots where traditional cadenzas are recommended. Appropriate appoggiaturas, as defined by conservative application of tradition, are indicated as well. There are instances where an entirely revised piano reduction, more representative of the full score, has been created.

These anthologies are for all of us who must remain students of our art throughout our lifetimes. I'm a vocal coach and opera conductor who believes firmly in exposing the gifted performer to the firmament, being sure that he or she understands that each star must be attained at its own special time, to be plucked and polished again and again throughout a musical career. Among these arias may be the first one ever studied, but if it's by someone destined to be a real singer, it will remain in mind and heart forever.

Robert L. Larsen
March, 1991

NOTES and TRANSLATIONS

Translator's Note

My aim in providing these "literal" translations was to give accurate line-by-line translations, as opposed to word-by-word translations. At the same time, the goal was to translate a true sense of the thought of each word or phrase.

In this format, therefore, the words on each line of original language text correspond to the words on each line of translation. Whenever, for contextual and idiomatic reasons, a line-by-line format into English is not possible, the printing is indented. In such cases, the whole idea of the indented foreign-language text segment corresponds to the whole idea of the indented English translation segment.

There are many antiquated and poetic word forms in opera texts which appear in various usages. In editing the aria texts various punctuation was discovered in various sources. When challenged by discrepancies, I have made justifiable choices for this edition. In some cases the punctuation has been modernized in the interest of clarity or consistency.

M. G.

NOTES and TRANSLATIONS

The arias are presented chronologically by year of first performance.

LE NOZZE DI FIGARO

(The Marriage of Figaro)
1786
music by Wolfgang Amadeus Mozart
libretto by Lorenzo da Ponte (after *La Folle Journée, ou Le Mariage de Figaro*, a comedy by Pierre Augustin Caron de Beaumarchais)

Hai già vinta la causa!... Vedrò mentr'io sospiro

from Act III
setting: near Seville, the 17th century; the castle of Count Almaviva; evening
character: Count Almaviva

Count Almaviva thinks that he has succeeded in making arrangements for a tryst with Susanna, maid to the Countess, in the garden of the castle on the very night of her marriage to his valet, Figaro. A legal problem, exaggerated and encouraged by the Count and his supporters, could yet prevent the couple's marriage. But when the Count overhears Susanna and Figaro gloating that they will win the case, he launches into a tirade of anger and frustration.

Hai già vinta la causa!	*"You have already won the case!"*
Cosa sento!	*What do I hear!*
In qual laccio cadea?	*Into what trap did I fall?*
Perfidi!	*Traitors!*
Io voglio di tal modo punirvi;	*I want to punish you badly;*
a piacer mio la sentenza sarà.	*the verdict will be as I please.*
Ma s'ei pagasse la vecchia pretendente?	*But if he should pay the old pretender?*
Pargarla! In qual maniera?	*Pay her! In what way?*
E poi v'è Antonio,	*And then there's Antonio,*
che all'incognito Figaro	*who to the insignificant Figaro*
ricusa di dare una nipote in matrimonio.	*refuses to give a niece in marriage.*
Coltivando l'orgoglio	*Cultivating the pride*
di questo mentecatto,	*of this fool,*
tutto giova a un raggiro.	*everything is useful for a deception.*
Il colpo è fatto.	*The die is cast.*
Vedrò, mentr'io sospiro,	*Shall I see one of my servants happy,*
felice un servo mio?	*while I languish?*
E un ben che invan desio	*And must he possess a treasure*
ei posseder dovrà?	*which I desire in vain?*
Vedrò per man d'amore,	*Shall I see the one who aroused*
unita a un vile oggetto	*in me a desire which she, then,*
chi in me destò un affetto,	*doesn't have for me, united by the hand*
che per me poi non ha?	*of love to a miserable creature?*
Vedrò che un ben ch'io desio,	*Shall I see that he will possess*
ei posseder dovrà?	*a treasure I desire?*
Vedrò?	*Shall I see that?*
Ah no! lasciarti in pace	*Ah, no, I don't wish you this satisfaction*
non vo' questo contento.	*of being left in peace.*
Tu non nascesti, audace,	*You were not born, audacious one,*
per dare a me tormento,	*to give me torment*
e forse ancor per ridere	*and, furthermore, to laugh*
di mia infelicità.	*at my unhappiness.*
Già la speranza sola	*Already the lone hope*
delle vendette mie	*of my vindications*
quest'anima consola,	*comforts this soul*
e giubilar mi fa.	*and makes me rejoice.*

The historical notes and synopses in this section are by the editor; translations are by Martha Gerhart.

DON GIOVANNI

1787
music by Wolfgang Amadeus Mozart
libretto by Lorenzo da Ponte (after Giovanni Bertati's libretto for Giuseppe Gazzaniga's opera *Il convitato di pietra*; also after the Don Juan legends)

Fin ch'han dal vino

from Act I, scene 4
setting: near Seville, the 17th century; the garden of Don Giovanni's estate
character: Don Giovanni

Giovanni tells Leporello, his servant, of the party he plans for the peasant couple, Zerlina and Masetto, and their friends. Drinking, feasting, and lovemaking will reign supreme.

Fin ch'han dal vino calda la testa,	*Until their heads are hot from the wine,*
una gran festa fa' preparar.	*have a grand party prepared.*
Se trovi in piazza qualche ragazza,	*If you find some girl in the piazza,*
teco ancor quella cerca menar.	*try to bring her with you too.*
Senza alcun ordine la danza sia,	*Let the dancing be without any order;*
chi'l minuetto, chi la follia,	*you will make some dance the minuet,*
chi l'alemanna farai ballar.	*some the follia, some the allemande.*
Ed io fra tanto dall'altro canto	*And meanwhile I, in the other corner,*
con questa e quella vo' amoreggiar.	*want to flirt with this girl and that one.*
Ah, la mia lista doman mattina	*Ah, tomorrow morning you should augment*
d'una decina devi aumentar.	*my catalogue by about ten.*

Deh, vieni alla finestra

from Act II, scene 1
setting: Seville, the 17th century; a street in front of the house where Donna Elvira is staying; night
character: Don Giovanni

The Don picks up his mandolin and serenades the maid servant of Donna Elvira from beneath her window.

Deh, vieni alla finestra,	*Pray, come to the window,*
o mio tesoro.	*oh my treasure.*
Deh, vieni a consolar	*Pray, come console*
il pianto mio.	*my weeping.*
Se neghi a me di dar	*If you refuse to grant me*
qualche ristoro,	*some solace,*
davanti agli occhi tuoi	*before your eyes*
morir vogl'io.	*I want to die.*
Tu ch'hai la bocca	*You whose mouth is*
dolce più che il miele—	*more sweet than honey—*
tu che il zucchero porti	*you who bear sugar*
in mezzo al core—	*in your heart of hearts—*
non esser, gioia mia,	*do not, my delight, be*
con me crudele.	*cruel with me.*
Lasciati almen veder,	*At least let yourself be seen,*
mio bell'amore.	*my beautiful love.*

COSÌ FAN TUTTE

(Women Are Like That)
1790
music by Wolfgang Amadeus Mozart
libretto by Lorenzo da Ponte

Donne mie, la fate a tanti

from Act II, scene 2
setting: Naples, the 18th century; a pleasant garden at the seashore
character: Guglielmo

The young soldiers, Ferrando and Guglielmo, have made a wager with their friend, the aging bachelor Don Alfonso, that their girlfriends will remain faithful to them despite any temptations. Disguised as Albanians as part of the wager, they pursue the ladies. In Act II, though Guglielmo's Fiordiligi has resisted the advances of Ferrando, Dorabella, Ferrando's lady love, has succumbed to the entreaties of the disguised Guglielmo, who rages at the deceit and faithlessness of womankind.

Donne mie, la fate a tanti	*My ladies, you dupe so many men*
che, se il ver vi deggio dir,	*that—if I must tell you the truth—*
se si lagnano gli amanti	*if your lovers complain,*
li commincio a compatir.	*I begin to sympathize with them.*
Io vo' bene al sesso vostro—	*I am very fond of your sex—*
lo sapete, ognun lo sà.	*you know it; everyone knows it.*
Ogni giorno ve lo mostro;	*Every day I prove it to you;*
vi do segno d'amistà.	*I give you signs of friendship.*
Ma quel farla	*But that duping*
a tanti e tanti,	*of so many, many men*
m'avvilisce in verità.	*disheartens me, in truth.*
Mille volte il brando presi	*A thousand times I've drawn my sword*
per salvar il vostro onor;	*to save your honor;*
mille volte vi difesi	*a thousand times I've defended you*
colla bocca e più col cor.	*with my lips, and more with my heart.*
Ma quel farla a tanti e tanti	*But that duping of so many, many men*
è un vizietto seccator.	*is an annoying little vice.*
Siete vaghe; siete amabili.	*You are lovely; you are lovable.*
Più tesori il ciel vi diè,	*Many gifts heaven bestowed on you,*
e le grazie vi circondano	*and graces surround you*
dalla testa sino ai piè.	*from head to foot.*
Ma, la fate a tanti e tanti	*But, you dupe so many, many men*
che credibile non è.	*that it is incredible.*
Io vo' bene al sesso vostro;	*I am very fond of your sex;*
ve lo mostro.	*I prove it to you.*
Mille volte il brando presi;	*A thousand times I've drawn my sword;*
vi difesi.	*I've defended you.*
Gran tesori il ciel vi diè,	*Great gifts heaven bestowed on you,*
sino ai piè.	*right down to your feet.*
Ma, la fate a tanti e tanti	*But, you dupe so many, many men*
che se gridano gli amanti	*that, if your lovers protest,*
hanno certo un gran perchè.	*they certainly have a very good reason.*

DIE ZAUBERFLÖTE

(The Magic Flute)
1791
music by Wolfgang Amadeus Mozart
libretto by Emanuel Schikaneder (loosely based on a fairytale by Wieland)

Der Vogelfänger bin ich ja

from Act I, scene 1
setting: Legendary; a wild and rocky landscape
character: Papageno

Papageno, a birdcatcher for the Queen of the Night, makes his entrance in Act I playing his Pan's pipes. He proceeds to introduce himself to the audience.

Der Vogelfänger bin ich ja,	*I am the bird-catcher,*
stets lustig heißa hopsasa!	*always jolly: yippee hippety hop!*
Ich Vogelfänger bin bekannt	*As bird-catcher I'm well-known*
bei Alt und Jung im ganzen Land.	*by old and young in the whole land.*
Weiß mit dem Lokken umzugehn,	*I know how to handle the bait,*
und mich aufs Pfeifen zu verstehn!	*and how to work the panpipes!*
Drum kann ich froh und lustig sein,	*Therefore I can be happy and jolly,*
denn alle Vögel sind ja mein.	*for all the birds are truly mine.*
Ein Netz für Mädchen möchte ich;	*I'd like a net for girls;*
ich fing sie dutzendweis für mich!	*I'd capture them for myself by the dozens!*
Dann sperrte ich sie bei mir ein,	*Then I'd shut them up with me,*
und alle Mädchen wären mein.	*and all the girls would be mine.*
Wenn alle Mädchen wären mein,	*If all the girls were mine,*
so tauschte ich brav Zukker ein.	*then I'd exchange them for fine sugar.*
Die welche mir am liebsten wär,'	*The one who was my favorite—*
der gäb' ich gleich den Zukker her.	*to her I'd gladly hand over the sugar.*
Und küßte sie mich zärtlich dann,	*And if she kissed me sweetly then,*
wär' sie mein Weib und ich ihr Mann.	*she'd be my wife, and I her husband.*
Sie schlief an meiner Seite ein;	*She'd sleep by my side;*
ich wiegte wie ein Kind sie ein.	*I'd rock her to sleep like a child.*

Ein Mädchen oder Weibchen

from Act II, scene 5
setting: Legendary; the inner shrine of the sacred brotherhood
character: Papageno

One of the priests of Sarastro's court has just told Papageno that he can never attain the lofty circle of the chosen ones. Papageno replies that he doesn't care a bit and that his only desire at the moment is for a glass of wine. The wine miraculously appears, and under its influence Papageno sings, accompanying himself on his magic bells.

Ein Mädchen oder Weibchen	*A sweetheart or a little wife*
wünscht Papageno sich.	*Papageno wants for himself.*
O, so ein sanftes Täubchen	*Oh, such a soft little dove*
wär' Seligkeit für mich.	*would be bliss for me.*
Dann schmeckte mir Trinken und Essen;	*Then I'd enjoy drinking and eating;*
dann könnt' ich mit Fürsten mich messen,	*then I'd rank myself with princes,*
des Lebens als Weiser mich freun,	*be happy as a philosopher of life,*
und wie im Elysium sein.	*and be as if in Elysium.*

Ach, kann ich denn keiner von allen	*Alas, so I can't be pleasing to*
den reizenden Mädchen gefallen?	*one among all the charming girls?*
Helf' eine mir nur aus der Not,	*May just one help me out of my need,*
sonst gräm' ich mich wahrlich zu Tod.	*or else I'll surely die of a broken heart.*
Wird keine mir Liebe gewähren,	*If no one will grant me love,*
so muß mich die Flamme verzehren;	*then the flame must consume me;*
doch küßt mich ein weiblicher Mund,	*but if a womanly mouth should kiss me,*
so bin ich schon wieder gesund.	*then I'll be well again.*

IL BARBIERE DI SIVIGLIA

(The Barber of Seville)
1816
music by Gioachino Rossini
libretto by Cesare Sterbini (after *Le Barbier de Séville*, a comedy by Pierre Augustin Caron de Beaumarchais)

Largo al factotum

from Act I, scene 1
setting: Seville, the 17th century; a public square outside the house of Don Bartolo; dawn
character: Figaro

In this remarkable aria Figaro, the barber of Seville, rushes onstage (into the street) and introduces himself as a man of great talents, famed throughout the city.

La ran la lera, la ran la la…	*Tra la la la la, tra la la la…*
Largo al factotum della città,	*Make way for the factotum of the city!*
Presto a bottega,	*Quickly to your shops,*
chè l'alba è già,	*because it's already daybreak!*
Ah che bel vivere,	*Ah, what a beautiful life;*
che bel piacere	*what beautiful pleasure*
per un barbiere di qualità!	*for a barber of quality!*
Ah bravo, Figaro, bravissimo!	*Ah, well done, Figaro—very well done!*
Fortunatissimo per verità!	*Most lucky, in truth!*
Bravo!	*Well done!*
Pronto a far tutto,	*Ready to do everything,*
la notte, il giorno	*night and day*
sempre d'intorno in giro sta.	*he's always out and about.*
Miglior cuccagna per un barbiere,	*A better feast for a barber—*
vita più nobile,	*a life more noble—*
no, non si dà.	*no, is not to be had.*
Rasori e pettini,	*Razors and combs,*
lancette e forbici	*lancets and scissors—*
al mio comando tutto qui sta.	*at my command everything is here.*
V'è la risorsa	*There are benefits*
poi del mestiere	*beyond the job itself*
colla donnetta...	*with the little lady…*
la la ran lera—	*tra la la la—*
col cavaliere...	*with the cavalier…*
la la ran la.	*tra la la la.*
Tutti mi chiedono,	*Everyone calls me,*
tutti mi vogliono,	*everyone wants me—*
donne, ragazzi,	*ladies, lads,*
vecchi e fanciulle:	*old men and maidens:*
Qua la parrucca,	*The wig here…*
presto la barba,	*quick, the shave…*
qua la sanguigna,	*the bleeding here…*
presto il biglietto!	*quick, the love note!*
Ehi, Figaro!	*Hey, Figaro!*
Ahimè! che furia!	*Mercy, what frenzy!*
Ahimè! che folla!	*Mercy, what a crowd!*
Uno alla volta	*One at a time,*
per carità!	*for heaven's sake!*

Figaro! Son qua.	*Figaro! I'm here.*
Ehi, Figaro! Son qua.	*Hey, Figaro! I'm here.*
Figaro qua, Figaro là,	*Figaro here, Figaro there;*
Figaro su, Figaro giù!	*Figaro up, Figaro down!*
Pronto prontissimo son	*I'm fast…fast as can be—*
come il fulmine;	*quick as lightning;*
sono il factotum della città!	*I am the factotum of the city!*
Ah bravo, Figaro, bravissimo!	*Ah, well done, Figaro—very well done!*
A te fortuna non mancherà.	*Good fortune will not fail you.*

L'ELISIR D'AMORE

(The Elixir of Love)
1832
music by Gaetano Donizetti
libretto by Felice Romani (after Eugène Scribe's libretto for Daniel-François Auber's *Le Philtre)*

Come Paride vezzoso

from Act I, scene 2
setting: near an Italian village, the 19th century; the lawn of Adina's estate; early afternoon
character: Belcore

Sergeant Belcore marches with his men onto Adina's estate. Then, with swaggering bravado, he presents her with a bouquet of flowers in token of his love.

Come Paride vezzoso porse il pomo	*As gracious Paris offered the apple*
alla più bella,	*to the most beautiful woman,*
mia diletta villanella,	*my delightful peasant girl,*
io ti porgo questi fior.	*I offer you these flowers.*
Ma di lui più glorioso,	*But I am more proud,*
più di lui felice io sono,	* more happy than he,*
poichè in premio del mio dono	*since in reward for my gift*
ne riporto	*I carry away*
il tuo bel cor.	*your beautiful heart.*
Veggo chiaro in quel visino	*I see clearly in that little face*
ch'io fo breccia nel tuo petto.	*that I'm winding my way into your breast.*
Non è cosa sorprendente;	*That's nothing surprising;*
son galante, e son sargente.	*I'm galant, and I'm a sergeant.*
Non v'ha bella che resista	*There is not a beautiful woman who resists*
alla vista d'un cimiero;	*the sight of a military crest;*
cede a Marte, Dio guerriero,	*even the Mother of Love yields*
fin la madre dell'Amor.	* to Mars, the god of war.*

I PURITANI

(The Puritans)
1835
music by Vincenzo Bellini
libretto by Count Carlo Pepoli (after *Têtes Rondes et Cavaliers*, a play by Jacques-Arsène Ancelot and Joseph Xavier Boniface)

Ah! per sempre io ti perdei

from Act I
setting: near Plymouth, England, the 17th century (during the civil war); a fortress held by Lord Valton for Cromwell
character: Sir Riccardo Forth

As the opera begins, it is the day of Elvira Valton's wedding to Lord Arturo Talbo. On the ramparts of a Puritan fortress near Plymouth, Sir Riccardo Forth confides to Sir Bruno Robertson that he is despondent over the fact that he is not the bridegroom.

Or dove fuggo io mai?	*Now wherever will I flee?*
Dove mai celo gli orrendi affanni miei?	*Wherever will I hide my terrible sufferings?*
Come quei canti mi risuonano	*How those songs resound in my soul*
all'alma amari pianti!	*as bitter weeping!*
O Elvira, o mio sospir soave,	*Oh Elvira, oh my gentle desired one,*
per sempre io ti perdei!	*I have lost you forever!*
Senza speme ed amor,	*Without hope and love,*
in questa vita or che rimane a me?	*what is left for me now in this life?*
Ah! per sempre io ti perdei,	*Ah, I have lost you forever,*
fior d'amore, o mia speranza.	*flower of love, oh my hope.*
Ah! la vita che m'avanza	*Ah, the life that is left to me*
sarà piena di dolor!	*will be full of sorrow!*
Quando errai per anni ed anni	*As I wandered for years and years*
in poter della ventura,	*in the power of destiny,*
io sfidai sciagura e affanni	*I defied misfortune and sufferings*
nella speme del tuo amor.	*in the hope of your love.*

DON PASQUALE

1843
music by Gaetano Donizetti
libretto by the composer and Giovanni Ruffini (after Aneli's libretto for Pavesi's *Ser Marc' Antonio*)

Bella siccome un angelo

from Act I, scene 1
setting: Rome, the 19th century; the house of Don Pasquale
character: Dr. Malatesta

Dr. Malatesta is a friend of the bachelor Don Pasquale. When the old codger commissions the doctor to find for him a suitable spouse, Malatesta proposes his fictitious sister as the perfect bride.

Bella siccome un angelo	*Beautiful as an angel*
in terra pellegrino,	*on a pilgrimage to earth,*
fresca siccome il giglio	*fresh as the lily*
che s'apre sul mattino,	*that opens upon morning,*
occhio che parla e ride,	*eyes that speak and laugh,*
sguardo che i cor conquide,	*a glance that conquers hearts,*
chioma che vince l'ebano,	*hair that transcends ebony,*
sorriso incantator...	*an enchanting smile.:.*
Alma innocente, ingenua,	*An innocent, ingenuous soul*
che sè medesma ignora,	*that disregards itself,*
modestia impareggiabile,	*incomparable modesty,*
bontà che v'innamora…	*goodness that makes you fall in love…*
Ai miseri pietosa,	*Merciful to the poor,*
gentil, dolce, amorosa...	*gentle, sweet, affectionate...*
Il ciel l'ha fatta nascere	*Heaven made her be born*
per far beato un cor.	*in order to make a heart happy.*

TANNHÄUSER
und der Sängerkrieg auf dem Wartburg
(and the Song Contest at the Wartburg)
1845
music and libretto by Richard Wagner (after medieval German history and mythology)

O! du mein holder Abendstern

from Act III
setting: Near Eisenach in Thuringia, Germany, the early 13th century; a valley near the Wartburg; twilight
character: Wolfram von Eschenbach

The erring Tannhäuser has been away for many months on a pilgrimage to Rome to seek salvation for his sins. Elizabeth, who loves him, has waited patiently but now longs to leave this life and seek heavenly peace. She thanks Wolfram, whom she knows loves her, for his friendship and climbs to the Wartburg to die. Wolfram remains to strum his harp and pray for the blessings of the evening star on Elizabeth.

Wie Todesahnung,	*Like foreboding of death,*
Dämm'rung deckt die Lande;	*dusk veils the land;*
unhüllt das Tal	*it covers the valley*
mit schwärzlichem Gewande.	*with swarthy raiments.*
Der Seele, die nach jenen Höh'n verlangt,	*The soul, which aspires to lofty heights,*
vor ihrem Flug durch Nacht	*is made uneasy in the face of its flight*
und Grausen bangt.	*through darkness and horror.*
Da scheinest du,	*There you shine,*
o lieblichster der Sterne;	*oh loveliest of stars;*
dein sanftes Licht entsendest du der Ferne.	*you send forth your gentle light from afar.*
Die nächt'ge Dämm'rung	*Your dear ray*
teilt dein lieber Strahl;	*parts the gloomy dusk;*
und freundlich zeigst du	*and, kindheartedly,*
den Weg aus dem Tal.	*you point the way out of the valley.*
O! du mein holder Abendstern,	*Oh you, my lovely evening star,*
wohl grüßt' ich immer dich so gern.	*I have always greeted you so gladly.*
Vom Herzen, das sie nie verriet,	*From the heart which she never betrayed*
grüße sie, wenn sie vorbei dir zieht—	*greet her, when she passes by you—*
wenn sie entschwebt dem Tal der Erden,	*when she hovers over the valley of earth,*
ein sel'ger Engel dort zu werden.	*to become, yonder, a blessed angel.*

RIGOLETTO
1851
music by Giuseppe Verdi
libretto by Francesco Maria Piave (after Victor Hugo's drama *Le Roi s'Amuse*)

Pari siamo!

from Act I, scene 2
setting: Mantua, Italy, the 16th century; a street outside Rigoletto's house; night
character: Rigoletto

On his way home from the court of the Duke of Mantua, the hunchbacked jester Rigoletto meets Sparafucile, a professional assassin, who offers him his services. When Sparafucile leaves, Rigoletto is struck by the correlation between himself, a man who destroys with a malicious tongue, and the man who strikes with the knife.

Pari siamo!	*We are alike!*
Io la lingua; egli ha il pugnale.	*I have my tongue; he has the dagger.*
L'uomo son io che ride;	*I am the man who laughs;*
ei quel che spegne!	*he the one who kills!*
Quel vecchio maledivami!	*That old man cursed me!*
O uomini! O natura!	*Oh men! Oh nature!*
Vil scellerato mi faceste voi!	*You have made me a miserable scoundrel!*
Oh rabbia! esser difforme!	*Oh fury, to be deformed!*
Oh rabbia! esser buffone!	*Oh fury, to be a jester!*
Non dover, non poter	*Not to be permitted, not be able to do*
altro che ridere!	*other than laugh!*

Il retaggio d'ogni uom m'è tolto— 　　il pianto.	*The birthright of every man—weeping—* 　　*has been taken away from me.*
Questo padrone mio—giovin, giocondo, sì possente, bello— sonnecchiando mi dice: Fa ch'io rida, buffone. Forzarmi deggio e farlo! Oh dannazione! Odio a voi, cortigiani schernitori! Quanta in mordervi ho gioia! Se iniquo son, per cagion vostra è solo. Ma in altr'uomo qui mi cangio! Quel vecchio maledivami! Tal pensiero perchè conturba ognor la mente mia? Mi coglierà sventura? Ah no! è follia!	*This master of mine—young,* *merry, so powerful, handsome—* *says to me, while dozing:* *"Make me laugh, jester."* *I must force myself and do it!* *Oh damnation!* *I hate you, scornful courtiers!* *How much joy I feel in stinging you!* *If I am wicked,* *it's only because of you.* *But I change into another man here!* *That old man cursed me!* *Why does such a thought continually trouble* *my mind?* *Will calamity strike me?* *Ah no, it's folly!*

LA TRAVIATA

(The Fallen Woman)
1853
music by Giuseppe Verdi
libretto by Francesco Maria Piave (after the play *La Dame aux Camélias* by Alexandre Dumas fils)

Di Provenza il mar, il suol

from Act II
setting: near Paris, 1850; a country house
character: Giorgio Germont

Having discovered that his son Alfredo is living with the courtesan Violetta Valery on a country estate near Paris, Giorgio Germont comes to convince the woman to leave him in order to save the family's name. She responds to his entreaties and pens a note to her lover, telling him that she is returning to her life in Paris. After she leaves Alfredo returns, reads the note, and is heartbroken. His father attempts to console him.

Di Provenza il mar, il suol 　　chi dal cor ti cancellò? Al natio fulgente sol 　　qual destino ti furò? Oh rammenta pur nel duol ch'ivi gioia a te brillò, e che pace colà sol su te splendere ancor può. Dio mi guidò!	*Who erased the sea, the soil* 　　*of Provence from your heart?* *What destiny stole you away* 　　*from your native, resplendent sun?* *Oh, do remember in your sorrow* *that joy glowed in you there* *and that there alone peace* *can still shine upon you.* *God has guided me!*
Ah, il tuo vecchio genitor 　　tu non sai quanto soffrì! Te lontano, di squallor 　　il suo tetto si coprì. Ma se alfin ti trovo ancor, se in me speme non fallì, se la voce dell'onor in te appien non ammutì, Dio m'esaudì!	*Ah, you don't know how much* 　　*your old father has suffered!* *With you far away, his home* 　　*became full of misery.* *But if in the end I find you again,* *if hope didn't fail in me,* *if the voice of honor* *didn't become completely silenced in you,* *God has heard me!*

FAUST

1859
music by Charles Gounod
libretto by Jules Barbier and Michel Carré (after the drama by Johann Wolfgang von Goethe)

Avant de quitter ces lieux

from Act II when played in five acts; Act I, scene 2 when played in four acts
setting: a village in Germany, the 16th century; the village square
character: Valentin

The youth Siebel has promised to protect Marguerite, with whom he is in love, while her brother Valentin is away at war. Valentin thanks him and then reflects on the sadness of leaving home and family, and the glory of battles to come.

Ô sainte médaille,	*Oh sacred medallion,*
qui me viens de ma sœur—	*which comes to me from my sister—*
au jour de la bataille,	*on the day of the battle,*
pour écarter la mort,	*in order to avert death,*
reste là sur mon cœur!	*remain there upon my heart!*
Avant de quitter ces lieux,	*Before leaving this place,*
sol natal de mes aïeux,	*native soil of my ancestors,*
à toi, Seigneur et Roi des cieux,	*to you, Lord and King of the heavens,*
ma sœur je confie.	*I entrust my sister.*
Daigne de tout danger	*Deign, from all danger,*
toujours la protéger—	*to protect her always—*
cette sœur si chérie.	*this sister so dear.*
Daigne de tout danger la protéger.	*Deign to protect her from all danger.*
Délivré d'une triste pensée,	*Freed from a sad thought,*
j'irai chercher la gloire	*I shall go to seek glory*
au sein des ennemis.	*in the midst of the enemies.*
Le premier, le plus brave	*The best, the bravest*
au fort de la mêlée,	*in the heat of the combat,*
j'irai combattre pour mon pays.	*I shall fight for my country.*
Et si, vers lui, Dieu me rappelle,	*And if God summons me to Him,*
je veillerai sur toi fidèle,	*I shall watch over you faithfully,*
ô Marguerite!	*oh Marguerite!*
Ô Roi des cieux,	*Oh King of the heavens,*
jette les yeux—	*cast forth your eyes—*
protège Marguerite,	*protect Marguerite,*
Roi des cieux!	*King of the heavens!*

ROMÉO ET JULIETTE

(Romeo and Juliet)
1867
music by Charles Gounod
libretto by Jules Barbier and Michel Carré (after the tragedy by William Shakespeare)

Mab, la reine des mensonges
(Ballad of Queen Mab)

from Act I
setting: Verona, the 14th century; a ballroom in the Capulet Palace; evening
character: Mercutio

Romeo, Mercutio, and Montague friends have come in disguise to a ball in the rival house of Capulet. Mercutio thinks they should remove their masks and create havoc with their enemies, but Romeo says that he only wanted to come because of a disturbing dream he has had. Mercutio paraphrases the famous Shakespearean text concerning Queen Mab, who is responsible for wondrous dreams and illusions in the minds of men.

Mab, la reine des mensonges,	*Mab, the queen of illusions,*
préside aux songes.	*presides over dreams.*
Plus légère que le vent décevant,	*Lighter than the fickle wind,*
à travers l'espace,	*through space,*
à travers la nuit,	*through the night,*
elle passe, elle fuit!	*she passes, she slips away!*
Son char, que l'atome rapide	*Her chariot, which the swift mite*
entraîne dans l'éther limpide,	*draws through the limpid ether,*
fut fait d'une noisette vide	*was made from a hollow hazelnut*
par ver de terre, le charron!	*by an earthworm, the wheelwright!*
Les harnais, subtile dentelle,	*The harness, delicate lace,*
ont été découpés dans l'aile	*was carved from the wing*
de quelque verte sauterelle	*of some green grasshopper*
par son cocher, le moucheron!	*by her coachman, the gnat!*
Un os de grillon sert de manche	*A cricket's bone serves as handle*
à son fouet, dont la mèche blanche	*for his whip, whose white lash*
est prise au rayon qui s'épanche	*is fashioned from a ray of light shed*
de Phoebé rassemblant sa cour.	*by Phoebus while assembling his court.*
Chaque nuit, dans cet équipage,	*Every night, in that carriage,*
Mab visite, sur son passage,	*Mab visits, along her way,*
l'époux qui rêve de veuvage	*the husband who dreams of widowerhood*
et l'amant qui rêve d'amour!	*and the suitor who dreams of love!*
À son approche, la coquette	*At her approach, the coquette*
rêve d'atours et de toilette,	*dreams of finery and of dressing up,*
le courtisan fait la courbette,	*the courtier shows servile deference,*
le poête rime ses vers!	*the poet rhymes his verses!*
À l'avare en son gîte sombre	*To the miser in his dingy quarters*
elle ouvre des trésors sans nombre,	*she opens numberless treasures,*
et la liberté rit dans l'ombre	*and freedom smiles in the darkness*
au prisonnier chargé de fers.	*at the prisoner fettered with chains.*
Le soldat rêve d'embuscades,	*The soldier dreams of ambushes,*
de batailles et d'estocades;	*of battles, and of thrusts;*
elle lui verse les rasades	*she pours him bumpers of wine*
dont ses lauriers sont arrosés.	*with which his laurels are celebrated.*
Et toi, qu'un soupir effarouche	*And you, whom a sigh startles*
quand tu reposes sur ta couche,	*when you are resting on your bed,*
ô vierge! elle effleure ta bouche	*oh maiden—she grazes your mouth*
et te fait rêver de baisers!	*and makes you dream of kisses!*

HAMLET

1868
music by Ambroise Thomas
libretto by Jules Barbier and Michel Carré (after the tragedy by William Shakespeare)

Ô vin, dissipe la tristesse

from Act II
setting: Elsinore in Denmark; the garden of the palace
character: Hamlet

As Hamlet launches his plot to implicate King Claudius in the death of his father, he incites the courtiers to make merry in this drinking song.

Ô vin, dissipe la tristesse	*Oh wine, dispel the sadness*
qui pèse sur mon cœur!	*that weighs on my heart!*
À moi les rêves de l'ivresse	*Give me the illusions of intoxication*
et le rire moqueur!	*and the mocking laughter!*
Ô liqueur enchanteresse,	*Oh enchanting liqueur,*
verse l'ivresse	*pour intoxication*
et l'oubli dans mon cœur!	*and oblivion into my heart!*
Douce liqueur!	*Sweet liqueur!*

La vie est sombre;	*Life is gloomy;*
les ans sont courts.	*the years are short.*
De nos beaux jours	*Of our happy days*
Dieu sait le nombre.	*God knows the number.*
Chacun, hélas! porte ici-bas	*Each man, alas, bears here on earth*
sa lourde chaîne—	*his heavy chain—*
cruels devoirs,	*cruel duties,*
longs désespoirs de l'âme humaine!	*lasting afflictions of the human soul!*
Loin de nous, noirs présages!	*Away from us, dark forebodings!*
Les plus sages sont les fous!	*The wisest ones are the fools!*
Ah!	*Ah!*
Le vin dissipe la tristesse	*Wine dispels the sadness*
qui pèse sur mon coeur!	*that weighs upon my heart!*
Verse-nous l'ivresse!	*Pour intoxication upon us!*

CARMEN

1875
music by Georges Bizet
libretto by Henri Meilhac and Ludovic Halévy (after the novel by Prosper Mérimée)

Votre toast, je peux vous le rendre
(Toreador Song)

from Act II
setting: near Seville, c. 1820; an inn owned by Lillas Pastia; night
character: Escamillo

A torchlight procession brings the bullfighter Escamillo to the tavern of Lillas Pastia. The crowd toasts him, and he describes to his admirers the excitement and drama of the bullring.

Votre toast, je peux vous le rendre,	*I can reciprocate your toast,*
Señors, car avec les soldats,	*gentlemen, for with soldiers,*
oui, les toréros peuvent s'entendre:	*yes, bullfighters can agree:*
pour plaisirs, ils ont les combats!	*for pleasure, they have fights!*
Le cirque est plein; c'est jour de fête!	*The arena is full; it's a holiday!*
Le cirque est plein du haut en bas.	*The arena is full from top to bottom.*
Les spectateurs, perdant la tête,	*The spectators, losing their heads,*
s'interpellent à grand fracas!	*heckle each other boisterously!*
Apostrophes, cris, et tapage	*Insults, screams, and commotion*
poussés jusques à la fureur!	*pushed to the point of frenzy!*
Car c'est la fête du courage!	*For it's the celebration of courage!*
C'est la fête des gens de cœur!	*It's the celebration of people of spirit!*
Allons! en garde! Ah!	*Let's go—on guard! Ah!*
Toréador, en garde!	*Toreador, on guard!*
Et songe bien, oui,	*And do keep in mind—yes,*
songe en combattant	*keep in mind, while fighting,*
qu'un œil noir te regarde	*that a dark eye is watching you*
et que l'amour t'attend!	*and that love awaits you!*
Toréador, l'amour t'attend!	*Toreador, love awaits you!*
Tout d'un coup on fait silence.	*All of a sudden the people are silent.*
Ah! que se passe-t-il?	*Ah, what is happening?*
Plus de cris, c'est l'instant!	*No more screaming—this is the moment!*
Le taureau s'élance	*The bull rears,*
en bondissant hors du toril!	*bounding out of the pen!*
Il s'élance! il entre, il frappe!	*He rears, he enters, he strikes!*
Un cheval roule, entraînant un picador.	*A horse rolls over, dragging along a picador.*
«Ah! Bravo! Toro!» hurle la foule!	*"Ah, well done, bull," roars the crowd!*
Le taureau va, il vient, et frappe encor!	*The bull goes, comes, and strikes again!*

En secouant ses banderilles,	*Shaking his banderillas,*
plein de fureur, il court!	*full of rage, he runs!*
Le cirque est plein de sang!	*The arena is strewn with blood!*
On se sauve,	*People are running away;*
on franchit les grilles!	*they are leaping over the railings!*
C'est ton tour maintenant!	*It's your turn now!*
Allons! en garde! Ah!	*Le's go—on guard! Ah!*

LA GIOCONDA

(The Cheerful Girl)
1876
music by Amilcare Ponchielli
libretto by "Tobia Gorrio," a pseudonym for Arrigo Boito (after *Angelo, Tyran de Padoue*, a drama by Victor Hugo)

Ah! Pescator

from Act II
setting: near Venice, the 17th century; the deck of Enzo's ship, at anchor off a deserted island
character: Barnaba

Barnaba, a spy of the Inquisition, is disguised as a fisherman and appears in a small boat alongside the ship of Enzo Grimaldo, a nobleman of Genoa. He completes his masquerade by singing a fisherman's ballad.

Ah! Pescator, affonda l'esca	*Ah! Fisherman, cast the bait;*
a te l'onda sia fedel.	*may the waves be true to you.*
Lieta sera e buona pesca	*The sea and the sky promise you*
ti promette il mare, il ciel.	*a happy evening and good fishing.*
Va, tranquilla cantilena,	*Go, tranquil lullaby,*
per l'azzurra immensità.	*through the blue vastness.*
Ah! una placida sirena	*Ah, a placid siren*
nella rete cascherà.	*will fall into the net!*
(Spia coi fulminei tuoi sguardi accorti,	*(Watch with your lightning, cunning glances;*
e fra le tenebre conta i tuoi morti.	*and in the darkness count your dead.*
Sì, da quest'isola deserta e bruna	*Yes, from this deserted and dark island*
or deve sorgere la tua fortuna.	*your fortune should rise now.*
Sta in guardia! e il rapido sospetto svia,	*Be on guard, and divert the quick suspicion,*
e ridi e vigila e canta	*and laugh and be on the alert, and sing*
e spia!)	*and keep watch!)*
Ah! brilla Venere serena	*Ah, serene Venus shines*
in un ciel di voluttà;	*in a heaven of voluptuousness;*
una fulgida sirena	*a luminous siren*
nella rete cascherà.	*will fall into the net.*
La sirena nella rete cascherà,	*The siren will fall into the net—*
sì, cascherà!	*yes, she will fall!*

HÉRODIADE

(Herodias)
1881
music by Jules Massenet
libretto by Paul Milliet, "Henri Grémont," a pseudonym for Georges Hartmann, and Angelo Zanardini (after the story by Gustave Flaubert)

Vision fugitive

from Act II
setting: Palestine, c. 30 A.D.; a chamber in Herod's palace
character: Hérode

As he reclines on his couch Herod is brought a potion which is reputed to conjure up the vision of the one loved most. He drinks and sees a vision of the ravishingly beautiful Salome.

Ce breuvage pourrait me donner un tel rêve!	*This potion could give me such a dream!*
Je pourrais la revoir...	*I should be able to see her again...*
contempler sa beauté!	*to gaze on her beauty!*
Divine volupté à mes regards promise!	*Divine voluptuousness promised to my sight!*
Espérance trop brève	*Hope too brief,*
qui viens bercer mon cœur	*which comes to lull my heart*
et troubler ma raison...	*and trouble my mind...*
Ah! ne t'enfuis pas, douce illusion!	*Ah, don't slip away, sweet illusion!*
Vision fugitive et toujours poursuivie—	*Vision fleeting and always pursued—*
ange mystérieux qui prends	*mysterious angel, who takes possession*
toute ma vie...	*of my whole life...*
Ah! c'est toi que je veux voir,	*Ah, it's you whom I want to see,*
ô mon amour! ô mon espoir!	*oh my love, oh my hope!*
Vision fugitive, c'est toi	*Fleeting vision, it's you*
qui prends toute ma vie.	*who takes possession of my whole life.*
Te presser dans mes bras!	*To press you in my arms!*
Sentir battre ton cœur	*To feel your heart beat*
d'une amoureuse ardeur!	*with a loving ardor!*
Puis, mourir enlacés	*Then, to die entwined*
dans une même ivresse—	*in a shared ecstasy—*
pour ces transports,	*for those joys,*
pour cettte flamme,	*for that passion,*
ah! sans remords et sans plainte	*ah, without remorse and without complaint*
je donnerais mon âme pour toi,	*I would give my soul for you,*
mon amour, mon espoir!	*my love, my hope!*
Oui! c'est toi! mon amour!	*Yes! It's you, my love!*
Toi, mon seul amour, mon espoir!	*You, my only love, my hope!*

EDGAR

1889
music by Giacomo Puccini
libretto by Ferdinando Fontana (after *La Coupe et les Lèvres*, a verse drama by Alfred de Musset)

Questo amor, vergogna mia

from Act I
setting: Flanders, 1302; a public square
character: Frank

In medieval Flanders, Frank and Fidelia's father has brought up a black girl, Tigrana, abandoned as a baby by gypsies. Frank is in love with the beautiful Tigrana who, like Fidelia, is attracted to Edgar. Once more Tigrana has spitefully denounced Frank, but when she leaves, her spell continues to enslave him.

Questo amor, vergogna mia,	*This love—my shame—*
io spezzar, scordar vorrei;	*I should want to break off, to forget;*
ma d'un'orrida malìa	*but of a terrible enchantment*
sono schiavi i sensi miei.	*my feelings are slaves.*
Mille volte al ciel	*Thousands of times I swore to heaven*
giurai di fuggirla,	*to flee from her,*
e a lei tornai!	*and I came back to her!*
Ella ride del mio pianto,	*She laughs about my weeping,*
ed io, vil, col cuore infranto,	*and I, wretched, with my heart broken,*
ai suoi piedi mi prosterno.	*humble myself at her feet.*
Ella ride del mio pianto;	*She laughs about my weeping;*
del mio sdegno si fa scherno.	*she makes fun of my disdain.*
Ed io, vil, col cuore infranto,	*And I, wretched, with my heart broken,*
ai suoi piedi mi prosterno.	*humble myself at her feet.*
E lei sola io sogno,	*And only her I dream about,*
bramo!	*I desire!*
Ah sventura!	*Ah, misfortune!*
Io l'amo! L'amo!	*I love her—love her!*

I PAGLIACCI

(The Clowns)
1892
music and libretto by Ruggero Leoncavallo (based on a legal case his father heard as a judge)

Si può? Si può?

Prologue to the opera
setting: before the curtain of the opera theatre
character: Tonio

The hunchbacked clown Tonio steps before the curtain to sing a prologue to the opera. He promises that the entertainment offered will be filled with powerful human emotions.

Si può?	*May I?*
Signore! Signori!	*Ladies! Gentlemen!*
Scusatemi se da sol mi presento.	*Excuse me if I present myself all alone.*
Io sono il Prologo.	*I am the Prologue.*
Poichè in iscena ancor	*Since the author puts the ancient*
le antiche maschere	* [commedia dell 'arte] characters*
mette l'autore,	* on the stage again*
in parte ei vuol riprendere	*he wishes, in part, to recapture*
le vecchie usanze,	*the old traditions,*
e a voi di nuovo inviami.	*and again he sends me to you.*
Ma non per dirvi come pria:	*But not to tell you, as before:*
« Le lacrime che noi versiam son false!	*"The tears that we shed are feigned!*
Degli spasimi e de' nostri martir	*Do not be alarmed at our sufferings*
non allarmatevi!»	* and our torments!"*
No! L'autore ha cercato invece	*No! The author has tried, rather,*
pingervi uno squarcio di vita.	*to paint for you a slice of life.*
Egli ha per massima sol	*He has for his sole maxim*
che l'artista è un uom	*that the artist is a man*
e che per gli uomini scrivere ei deve.	*and that he must write for men.*
Ed al vero ispiravasi.	*And he was inspired by the truth.*
Un nido di memorie in fondo a l'anima	*A nest of memories sang in the depth*
cantava un giorno,	* of his soul one day,*
ed ei con vere lacrime scrisse,	*and he wrote with real tears,*
e i singhiozzi il tempo gli battevano!	*and the sobs beat time for him!*
Dunque, vedrete amar	*And so, you will see loving*
sì come s'amano gli esseri umani;	*the way human beings love each other;*
vedrete dell'odio i tristi frutti.	*you will see the sad fruits of hatred.*
Del dolor gli spasimi,	*You will hear cries of grief,*
urli di rabbia udrete,	* screams of rage,*
e risa ciniche!	* and cynical laughter!*
E voi, piuttosto che le nostre	*And you: consider our souls,*
povere gabbane d'istrioni,	* rather than our shabby*
le nostr'anime considerate,	* actors' garb,*
poichè siam uomini di carne e d'ossa,	*because we are men of flesh and blood*
e che di quest'orfano mondo	*and because we, just like you, breathe*
al pari di voi spiriamo l'aere!	* the air of this forsaken world!*
Il concetto vi dissi...	*I've told you the concept...*
or ascoltate com'egli è svolto.	*now listen to how it is developed.*
Andiam.	*Let's go.*
Incominciate!	*Begin!*

HÄNSEL UND GRETEL

(Hansel and Gretel)
1893
music by Engelbert Humperdinck
libretto by Adelheid Wette (after a story by the brothers Grimm)

Ach, wir armen Leute

from Act I
setting: Germany, the 19th century; a mountain cottage
character: Peter (Father)

Returning from town after having celebrated a successful day selling his brooms, Peter ambles back to his country cottage and his family, singing all the way home.

Rallalala, rallalala!	*Tralalala, tralalala!*
Heißa Mutter, ich bin da!	*Hey, mother—here I am!*
Rallalala, rallalala!	*Tralalala, tralalala!*
Bringe Glück und Gloria!	*I bring happiness and glory!*
Ach, wir armen, armen Leute—	*Ah, we poor, poor people—*
alle Tage so wie heute:	*every day just like today:*
in dem Beutel ein großes Loch,	*in the purse a big hole,*
und im Magen ein größres noch.	*and in the stomach even a bigger one.*
Rallalala, rallalala!	*Tralalala, tralalala!*
Hunger ist der beste Koch!	*Hunger is the best cook!*
Ja, ihr Reichen könnt euch laben;	*Yes, you rich people may feast;*
wir, die nichts zu essen haben	*we who have nothing to eat*
nagen, ach, die ganze Woch',	*nibble, alas, the whole week long—*
sieben Tag an einem Knoch'!	*seven days on one bone!*
Rallalala, rallalala!	*Tralalala, tralalala!*
Hunger ist der beste Koch!	*Hunger is the best cook!*
Ach, wir sind ja gern zufrieden,	*Ah, we enjoy being content,*
denn das Glück ist so verschieden!	*for happiness is of many different kinds!*
Aber wahr ist's doch,	*But true it is, nonetheless—*
Armut ist ein schweres Joch!	*poverty is a heavy yoke!*
Rallalala, rallalala!	*Tralalala, tralalala!*
Hunger ist der beste Koch!	*Hunger is the best cook!*
Ja ja, der Hunger kocht schon gut,	*Yes indeed, hunger does cook well,*
sofern er kommandieren tut;	*so far as it does the commanding;*
allein, was nützt der Kommandör,	*but what good is the commander*
fehlt euch im Topf die Zubehör?	*if the seasoning is missing in the pot?*
Rallalala, rallalala!	*Tralalala, tralalala!*
Kümmel ist mein leiblikör!	*Kümmel is my favorite liqueur!*

THAÏS

1894
music by Jules Massenet
libretto by Louis Gallet (after the novel by Anatole France)

Voilà donc la terrible cité

from Act II
setting: Alexandria, Egypt, late in the 4th century A.D.; the house of Nicias
character: Athanaël

Athanaël, a young Cenobite monk, has come to visit a friend of his youth, the wealthy Nicias, at his home in Alexandria. He pauses on the terrace and looks out over the city of his birth, convinced that it has fallen on evil days.

Voilà donc la terrible cité! / Behold the terrible city,
Alexandrie! où je suis né / Alexandria, where I was born
dans le péché— / in sin—
l'air brillant où j'ai respiré / the sparkling air where I breathed
l'affreux parfum de la luxure! / the hideous scent of lust!
Voilà la mer voluptueuse / There is the voluptuous sea
où j'écoutais chanter / where I listened to
   la sirène aux yeux d'or! /   the golden-eyed siren sing!
Oui, voilà mon berceau / Yes, there is my cradle
selon la chair, / according to the flesh.
Alexandrie! Ô ma patrie! / Alexandria! Oh my homeland!
Mon berceau, ma patrie! / My cradle, my homeland!
De ton amour / From your love
j'ai détourné mon cœur. / I turned away my heart.
Pour ta richesse / For your opulence
je te hais! / I hate you!
Pour ta science et ta beauté, / For your knowledge and your beauty,
je te hais! / I hate you!
Et maintenant je te maudis / And now I curse you
comme un temple hanté / as a temple haunted
par les esprits impurs! / by impure spirits!
Venez! anges du ciel! / Come, angels of heaven,
souffles de Dieu! / breaths from God!
Parfumez, du battement de vos ailes, / Scent, with the flapping of your wings,
l'air corrompu qui va m'environner! / the tainted air which is going to surround me.

ZAZÀ

1900
music and libretto by Ruggero Leoncavallo (after the play by Simon and Berton)

Zazà, piccola zingara

from Act II
setting: near Paris, c. 1900; the reception room of Zazà's house
character: Cascart

Zazà is a concert hall singer who is in love with Dufresne, one of her many admirers. Unbeknownst to Zazà, Dufresne is married. Cascart, an old friend and former lover, comes to visit. With typical charm he suggests that there may be another woman in Dufresne's life, and that Zazà must return to her calling.

Zazà, piccola zingara, / Zazà, little gypsy,
schiava d'un folle amore, / slave of a foolish love,
tu non sei giunta al termine / you have not reached the end
ancor del tuo dolore! / of your grief yet!
Quanto convien di lagrime / How good that it should fall
   che sul tuo volto scenda /   upon your face as tears
pria che il tuo solo ed umile / before your solitary and humble
pellegrinar riprenda! / pilgrimage begins again!
Tu lo credesti libero; / You believed him to be free;
or la speranza è spenta. / now hope is dead.
Ora sei tu la libera! / Now it's you who are the free one!
E il tuo dover rammenta... / And remember your obligation...
il tuo dover! / your obligation!
Ahi! del sognato idillio / Ah, the charm of the dreamed-of
   sparve l'incanto /   idyll disappeared
a un tratto! / all of a sudden!
Una manina d'angelo / A little angel's hand
indietreggiar t'ha fatto! / has made you come back!

LA FANCIULLA DEL WEST

(The Girl of the Golden West)
1910
music by Giacomo Puccini
libretto by Carlo Zangarini and Guelfo Civinini (after the play by David Belasco)

Minnie, dalla mia casa son partito

from Act I
setting: California, c. 1848 (the gold rush era); the interior of the Polka, a saloon and inn
character: Jack Rance

Minnie is the owner of the Polka Saloon at the foot of Cloudy Mountain, California. The miners are gathered there, and when she enters, the atmosphere is charged with the love she inspires in them. Jack Rance, the sheriff, sings openly of his passion for Minnie.

Minnie, dalla mia casa son partito	*Minnie, I left my home,*
che è là dai monti,	*which is beyond the mountains,*
sopra un altro mare.	*across another ocean.*
Non un rimpianto, Minnie,	*Not a single regret, Minnie,*
m'ha seguito;	*followed me;*
non un rimpianto vi potea lasciare!	*not a single regret could I leave there!*
Nessuno mai m'amò;	*No one ever loved me;*
nessuno ho amato.	*I haven't loved anyone.*
Nessuna cosa mai mi diè piacere!	*Nothing whatever gave me pleasure!*
Chiudo nel petto un cuor di biscazziere,	*I hold enclosed in my breast a gambler's heart—*
amaro, avvelenato,	*bitter, poisoned—*
che ride dell'amore e del destino.	*which laughs at love and at fate.*
Mi son messo in cammino	*I set out on the road*
attratto sol dal fascino dell'oro.	*attracted only by the fascination of gold.*
È questo il solo	*This is the only thing*
che non m'ha ingannato.	*which has not deceived me.*
Or per un bacio tuo getto	*Now, for a kiss of yours, I'll throw away*
un tesoro!	*a fortune!*

THE BALLAD OF BABY DOE

1956
music by Douglas Moore
libretto by John Latouche (based on the life of Baby Doe Tabor, 1854-1935)

Warm as the autumn light

from Act I, scene 2
setting: Leadville, Colorado, 1880; outside the Clarendon Hotel; late evening
character: Horace Tabor

The silver king, Horace Tabor, has stayed in the street below the apartment he shares with his wife after a concert at the opera house in order to smoke a cigar. He hears Baby Doe, a recent arrival from Central City, accompany herself at the piano in the lobby of the Clarendon Hotel, and is deeply moved.

VANESSA

1958
music by Samuel Barber
libretto by Gian Carlo Menotti

You rascal, you! I never knew you had a soul
(The Old Doctor's Aria)

from Act II
setting: a northern country, c. 1905; Vanessa's country house; the entrance hall with the ballroom beyond; New Year's Eve
character: the Old Doctor

At a party at which he will announce the engagement of Anatol to Vanessa, the old family doctor shows the effects of too much champagne.

Hai già vinta la causa!... Vedrò mentr'io sospiro

from

LE NOZZE DI FIGARO

Wolfgang Amadeus Mozart

Maestoso

ALMAVIVA:

Hai già vin - ta la cau - sa!   Co - sa sen - to!

In qual lac - cio ca - de - a?   **Presto**

Per - fi-di!   Io vo - glio,   io vo-glio di tal mo - do pu -

nir - vi;   a pia - cer mi - o   la sen - ten - za sa - rà.

Andante

Ma s'ei pa -

Tempo I

gas - se   la vec-chia pre - ten - den - te?

Pa - gar - la!   In qual ma-nie - ra?

E poi v'è An-to-nio, che all' in-co-gni-to Fi-ga-ro ri-cu-sa di

da-re u-na ni-po-te in ma-tri-mo-nio.

Col-ti-van-do l'or-

go-glio di que-sto men-te-cat-to,

* Appoggiatura possible

tut - to gio - va a un rag-

gi - ro.

Il col-po è fat - to.

Allegro maestoso

Ve - drò, men-tr'io so-

spi - ro,   fe - li - ce un ser - vo

cresc.

mi - o?

f   p   tr

E un ben che in-van de - si - o

cresc.   f

ei pos-se-der do - vrà?   Ve - drò per man d'a -

sfp   p

mi - o? Ve - drò che un ben ch'io de - si - o,_____ ei_____

pos - se - der do - vrà? Ve - drò per man d'a-

mo - re, u - ni - ta a un vi - le og - get - to chi in

me de - stò un af - fet - to, che per me poi non

da - ce, tu non na - sce - sti au - da - ce, per

da - re a me tor - men - to, e

for - se an-cor per ri - de - re, per ri - de - re di

mia in - fe - li - ci - tà.

Già la spe-ran-za so-la del-le ven-det-te

mi-e quest' a-ni-ma con-so-la, e

giu-bi-lar mi fa,__ e__ giu-bi-lar, e giu-bi-lar mi

fa. Ah,___ che la-sciar-ti in pa-ce non vo' que-sto con-ten-to.

34

del - le ven -det - te mi - e quest' a - ni - ma con -

so - la, e giu - bi - lar mi fa,__ e__ giu - bi -

lar, e giu - bi - lar mi fa,__ e__ giu - bi -

lar,

Fin ch'han dal vino

from
DON GIOVANNI

Wolfgang Amadeus Mozart

DON GIOVANNI:

Fin ch'han dal vi - no cal - da la te - sta,

u - na gran fe - sta fa' pre - pa - rar. Se tro-vi in piaz - za

qual - che ra - gaz - za, te - co an-cor quel - la cer - ca me - nar,

38

lar, chi_____ la fol - li - a fa - rai bal - lar, chi_____

_____ l'a - le - man - na fa - rai bal - lar. Ed io fra tan - to

dall' al - tro can - to con que-sta e quel - la vo'a - mo - reg -

giar, vo'a - mo - reg - giar, vo'a - mo - reg - giar._____

chi l'a - le - man - na fa - rai bal - lar.

fp *fp* *fp* *fp*

p

Ah, la mia li - sta do - man mat - ti - na

p

d'u - na de - ci - na de - vi au - men - tar, d'u - na de -

f *p*

ci - na de - vi au - men - tar, d'u - na de - ci - na

f *f* *p* *f*

de - vi au-men - tar,_____ de - vi au-men - tar,_____ de - vi au-men - tar,_____

de - vi, de - vi au - men - tar.

cresc.

tr

Deh, vieni alla finestra

from
DON GIOVANNI

Wolfgang Amadeus Mozart

Se ne - ghi a me___ di dar qual -

che ri - sto - ro, da - van - ti a - gli oc - chi tuoi mo -

rir___ vo - gl'i - o. Tu

ch'hai___ la boc - ca dol - ce più_____ che il mie - le___

tu che il zuc-che-ro por - ti in mez - zo al co - re—

non es - ser, gio - ia mia, con

me cru - de - le. La - scia-ti al- men— ve - der, mio

bell'— a - mo - re.

Donne mie, la fate a tanti

from
COSÌ FAN TUTTE

Wolfgang Amadeus Mozart

GUGLIELMO:

Don - ne mie, la fa - te_a tan - ti,a tan - ti,a

tan - ti,a tan-ti,a tan - ti che, se_il

ver vi deg - gio dir, se si la - gna - no gli a - man - ti li com-

fp

min - cio a com - pa - tir, li com - min - cio a com - pa - tir.

f

Io vo' be - ne al ses - so vo - stro —

fp

lo sa - pe - te, o - gnun lo sà. O - gni

fp

tan - ti, a tan - ti e tan - ti, m'av - vi - li - sce in ve - ri -

tà, m'av - vi - li - sce in ve - ri - tà.

Mil - le vol - te il bran - do pre - si

per sal - var il vo - stro o - nor; mil - le vol - te,

mil - le vol - te, mil - le vol - te vi di -

fe - si col - la boc - ca_e più col cor. Ma quel

far - la_a tan - ti_e tan - ti, a tan - ti_e tan - ti è un vi -

ziet - to sec - ca - tor, è_un vi - ziet - to sec - ca -

tor.

Sie - te va - ghe; sie - te a - ma - bi - li.

Più te - so - ri il ciel vi diè,

e le gra - zie vi cir - con - da - no

dal - la te - sta si - no ai piè, dal - la

mo - stro. Mil - le vol-te_il bran - do pre - si; vi di -

fe - si. Gran te - so - ri_il ciel vi diè, si - no_ai

piè. Ma, ma, ma, la fa - te_a tan - ti_e

tan - ti, a tan - ti_e tan - ti,_a tan - ti, la fa - te_a tan - ti_e

tan - ti_a tan - ti_e tan - ti che se

gri - da - no gli a - man - ti han - no cer - to_un gran per - chè, un

cresc.

f

gran per - chè. Ah, la fa - te_a tan - ti_e tan - ti che se

p

gri - da - no gli a - man - ti han - no cer - to_un gran per - chè, un

cresc.

f

gran per - chè,   per - chè,   per - chè,   per-chè, han

cer - to un gran per - chè,   per - chè,   per -

chè,   per-chè, han cer - to un   gran per - chè,   un   gran per -

chè,   un gran per - chè,   han - no   cer - to un gran per - chè.

Der Vogelfänger bin ich ja

from

DIE ZAUBERFLÖTE

Wolfgang Amadeus Mozart

58

PAPAGENO:

1. Der Vo-gel-fän-ger bin ich ja, stets
2. Der Vo-gel-fän-ger bin ich ja, stets
3. Wenn al - le Mäd-chen wä-ren mein, so

lu - stig hei - ßa hop-sa-sa! Ich Vo-gel-fän-ger bin be-kannt bei
lu - stig hei - ßa hop-sa-sa! Ich Vo-gel-fän-ger bin be-kannt bei
tausch-te ich brav Zuk-ker ein. Die wel-che mir am lieb-sten wär,' der

Alt und Jung im gan-zen Land. Weiß mit dem Lok-ken
Alt und Jung im gan-zen Land. Ein Netz für Mäd-chen
gäb' ich gleich den Zuk-ker her. Und küß-te sie mich

um - zu - gehn, und mich aufs Pfei - fen_ zu ver - stehn!
möch - te ich; ich fing sie du - tzend - weis für mich!
zärt - lich dann, wär' sie mein Weib_und_ ich ihr Mann.

Drum_ kann ich froh_und_ lu - stig sein, denn_ al - le Vö - gel_
Dann_ sperr - te ich_ sie bei mir ein, und_ al - le Mäd - chen_
Sie_ schlief an mei - ner Sei - te ein; ich_ wieg - te wie ein_

sind ja _ mein.
wä - ren _ mein.
Kind sie _ ein.

Ein Mädchen oder Weibchen

from
DIE ZAUBERFLÖTE

Wolfgang Amadeus Mozart

Für-sten mich mes - sen, des Le-bens als Wei-ser mich freun, —— und

cresc.

fp

wie im E - ly - si - um sein, im E - ly - si - um sein,

Andante

im E - ly - si - um sein.

p

Ein Mäd - chen o - der Weib - chen wünscht Pa - pa - ge - no—

sich. O, so ein sanf - tes Täub - chen— wär' Se - lig - keit— für—

mich, wär' Se - lig - keit— für— mich, wär' Se - lig - keit— für—

Allegro

mich. Ach,

kann ich denn kei - ner von al - len den rei - zen - den Mäd - chen ge - fal - len? Helf'

ei - ne mir nur aus der Not,——— sonst gräm' ich mich wahr - lich zu

Tod. Ach, kann ich denn kei - ner ge - fal - len? Helf'

ei - ne mir nur aus der Not,——— sonst gräm' ich mich wahr - lich zu Tod,

mich wahr-lich zu Tod, mich wahr-lich zu Tod.

Andante

Ein Mäd - chen o - der Weib - chen wünscht

Pa - pa - ge - no sich. O, so ein sanf - tes Täub - chen wär'

Se - lig - keit— für— mich,   wär' Se - lig - keit— für— mich,   wär'

Se - lig - keit— für— mich!

Allegro

Wird kei - ne mir Lie - be ge - wäh - ren, so muß mich die Flam - me ver -

zeh - ren; doch küßt mich ein weib - lich - er Mund,— so bin ich schon wie - der ge -

cresc.

fp

Largo al factotum

from
IL BARBIERE DI SIVIGLIA

Gioachino Rossini

FIGARO:

La ran la le - ra,

la ran la la,

la ran la le - ra,

la ran la la...

cresc.   poco   a   poco

Lar - go al fac - to - tum del - la cit - tà, lar - go!

La ran la la ran la la ran la la...

Pre - sto a bot - te - ga, chè l'al - ba è già, pre -

sto! La ran la la ran la la ran

la la... Ah che bel vi - ve - re,

che bel pia - ce - re, che bel pia -

ce - re   per un bar - bie - re   di qua - li -

tà,   di qua - li - tà!

Ah____ bra - vo, Fi - ga - ro, bra - vo, bra - vis - si - mo, bra - vo!

La ran   la la ran la la ran la   la.

tã. La la ran la la la ran la la ran la la ran

la la ran la la ran la...

Pron-to a far

tut - to, la not - te, il gior - no sem - pre d'in - tor - no in gi - ro

sta. Mi - glior cuc - ca - gna per un bar - bie - re, vi - ta più

no - bi - le, no, non si dà. La la ran la la ran la la ran

la la ran la la ran la la ran la la ran la...

Ra - so - ri e
pet - ti - ni, lan - cet - te e for - bi - ci al mio co - man - do tut - to qui
sta, lan - cet - te e for - bi - ci, ra - so - ri e pet - ti - ni al mio co -
man - do tut - to qui sta. V'è la ri - sor - sa

pp

che bel___ pia - ce - re, che bel___ pia -

ce - re per un bar - bie - re di qua - li - tà, di qua - li-

tà!

Tut - ti mi chie - do-no, tut - ti mi

79

tà! U - no al - la vol - ta, u - no al - la vol - ta, u - no al - la

smorzando

vol - ta per ca - ri - tà!

pp

Fi - ga-ro! Son qua.

Ehi, Fi - ga-ro! Son qua. Fi - ga - ro

qua, Fi - ga - ro là, Fi - ga - ro qua, Fi - ga - ro

là, Fi - ga - ro su, Fi - ga - ro giù! Fi - ga - ro

su, Fi - ga - ro giù! Pron - to pron - tis - si - mo son co - me il

cresc. poco a poco

ful - mi - ne; so - no il fac - to - tum del - la cit - tà, del - la cit-

ff

tu - na, a te for - tu - na non man - che - rà.   La la ran

la la ran la la ran   la la ran la la ran   la la ran la la ran

la la ran! A te for - tu - na, a te for - tu - na, a te for -

cresc.

tu - na non man - che - rà,   So - no_il fac - to - tum

f

Come Paride vezzoso

from
L' ELISIR D'AMORE

Gaetano Donizetti

fior. Ma di lui più glo - ri - o - so, più di

lui fe-li - ce_io so - no, poi-chè in pre - mio_del_mio do -

no, poi-chè in pre-mio del mio do - no ne ri - por - to il tuo bel_

Andantino

cor. Veg - go chia-ro_in quel vi-

rie - ro, fin___ la ma - dre dell' A - mor, ce - de_a

Mar - te,___ Di - o guer - rie - ro,___ fin___ la ma - dre dell'A -

mor,___ ce - de_a Mar - te,___ Di - o guer - rie - e - ro,___ fin la___

ma - dre____ dell' A - mor.

Ah! per sempre io ti perdei

from
I PURITANI

Vincenzo Bellini

* Appoggiatura possible

mi-o so-spir__so-a-ve, per sem-pre, per sem-pre io ti__ per-de-i!

Sen-za spe-me ed a-mor, sen-za spe-me ed a-mor, in que-sta vi-ta or che ri-ma-ne a

me, or che ri-ma-ne a me?

Larghetto sostenuto (♪ = 100)

col canto

pp

calando

pp

Ah! per

sem - pre io ti per - de - i, fior__d'a - mo - re, fior d'a - mo - re,o mia spe-

ran - za. Ah! la vi - ta, ah! la vi - ta che m'a - van - za____ sa - rà

pie - na, sa - rà pie - na di__ do - lor! Quan - do er-

pp staccato

ra - i per an - ni ed an - ni in po -

Bella siccome un angelo

from

DON PASQUALE

Larghetto cantabile

Gaetano Donizetti

a tempo

Al - ma in - no-cen - te, in - ge - nu - a, che sè me-des - ma i-

gno - ra, mo - de - stia im-pa - reg - gia - bi - le, bon -

tà _____ che v'in - na - mo - ra. Ai mi - se - ri pie -

rall.

to - sa, gen - til, dol - ce, a - mo - ro-sa. . . ___ Il ciel l'ha fat - ta

a tempo

col canto

na - sce - re per far be - a - to un cor, be - a - to un

cor, il ciel l'ha fat - ta na - sce-re per far be-a-to un cor, per far be - a - to un

cor, il ciel l'ha fat-ta na - sce-re per far be - a-to, be-a - -

- - - to,__ per far be - a - to__ un__ cor.

O! du mein holder Abendstern

from

TANNHÄUSER

Richard Wagner

Moderato (♩ = 46)

WOLFRAM:

Wie To - des - ah - nung, Dämm' - rung deckt die

Lan - de; um - hüllt das Tal mit schwärz - li - chem Ge -

wan - de. Der See - le, die nach je - nen Höh'n ver -

langt, vor ih - rem Flug durch Nacht und

Grau - sen bangt.

Da schei - nest du, o lieb - lich-ster der Ster - ne;

dein sanf - tes Licht ent - sen - dest du der Fer - ne. Die nächt' - ge

Dämm' - rung teilt dein lie - ber Strahl; und freund - lich

zeigst du den Weg aus dem Tal.

O! du mein hol - der

A - bend - stern, wohl grüßt' ich im - mer

dich ___ so gern. Vom Her - zen, das sie

nie ___ ver - riet, grü - ße sie, wenn sie vor -

bei ___ dir zieht — wenn sie ent - schwebt dem

Tal ___ der Er - den, ein sel' - ger En - gel

Pari siamo!

from
RIGOLETTO

Adagio

Giuseppe Verdi

rab - bia! es - ser buf - fo - ne! Non do -

Adagio

ver, non po - ter al - tro che ri - de - re! Il re -

pp

tag - gio d'o - gni uom m'è tol - to — il pian -

Moderato (♩ = 96)

to.

Que-sto pa-dro - ne

to - ri! Quan-ta in mor - der-vi ho gio - ia!

Se i - ni - quo son, per ca - gion vo-stra è

so - lo.

Ma___ in al - tr'uo - mo___ qui___ mi___ can-gio!

Quel

Di Provenza il mar, il suol

from
LA TRAVIATA

Giuseppe Verdi

sti - no ti fu - rò, qual de - sti - no ti fu - rò, al na -

tio ful - gen - te sol? Oh ram - men - ta pur nel duol ch'i - vi

gio - ia a te bril - lò, e che pa - ce co - là sol su te

splen - de - re an - cor può, e che pa - ce co - là sol su te

splen - de - re an-cor può.

Dio mi gui - dò,_____

con forza   rall.   a tempo

_____ Dio mi gui-dò! Dio mi gui - dò!

rall.   a tempo

Ah, il tuo

allarg.

morendo

dolciss.   marc.

vec - chio ge - ni - tor   tu non sai quan - to sof - frì,   tu non

sai quan - to sof - frì il tuo vec - chio ge - ni - tor! Te lon -

ta - no, di squal - lor il suo tet - to si co - prì, il suo

tet - to si co - prì di squal - lo - re, di squal - lor. Ma se al -

fin ti tro - vo an - cor, se_in me spe - me non fal - lì, se la vo - ce dell' o - nor in te ap-

Avant de quitter ces lieux

from
FAUST

Charles Gounod

Ô sain - te mé - dail - le, qui me viens de ma sœur — au jour — de la ba -
tail - le, pour é - car - ter la mort, res - te là — sur mon cœur!

vré d'u- ne tris - te— pen - sé - e, j'i - rai cher-cher la gloi - re,— la

gloire au sein des en-ne-mis. Le pre - mier,— le plus brave au— fort de la mê-lé - e,

j'i- rai com-bat - tre pour mon— pa-ys. Et si, vers lui, Dieu me rap-

pel - le, je veil - le - rai— sur toi— fi - dè - le,—

Mab, la reine des mensonges
(Ballad of Queen Mab)

from
ROMÉO ET JULIETTE

Charles Gounod

MERCUTIO:

Mab, la

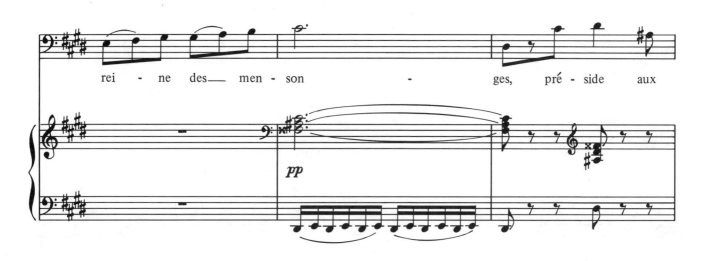

rei - ne des— men - son - ges, pré - side aux

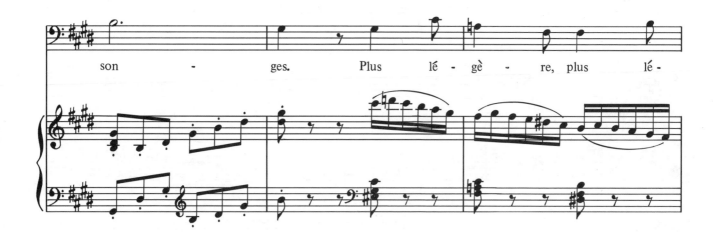

son - ges. Plus lé - gè - re, plus lé -

se, el - le fuit! Son char,——

—— que l'a - to - me ra - pide en - traî - ne

dans l'é - ther lim - pi - de, fut fait d'une noi - set - te

vi - de par ver de ter - re, le char - ron! Les har -

nais, sub - ti - le den - telle, ont é - té dé - cou -

pés dans l'ai - le de quel - que ver - te sau - te -

rel - le par son co - cher, le mou - che -

ron! Un os de gril - lon sert de

manche à son fouet,————— dont la mè - che

blanche est prise au ra - yon qui s'é -

pan - che de Phoe - bé ras - sem - blant————— sa

cour.————— Cha - que nuit, dans cet é - qui -

pa - ge, Mab vi - si - te, sur son pas - sa - ge, l'é - poux qui

rê - ve de veu - vage et l'a - mant qui rê - ve d'a -

mour! À son ap - pro - che, la co - quet - te rê - ve d'a -

tours et de toi - let - te, le cour - ti - san fait la cour -

bet - te, le po - ê - te ri - me ses vers!

— À l'a - vare en son gî - te som - bre elle

ou - vre des tré - sors sans nom - bre, et la li - ber -

té rit dans l'ombre au pri - son - nier char - gé de

fers._____ Le sol - dat rê - ve d'em - bus -

ca - des, de ba - tail - les et d'es - to -

poco ritardando

ca - des; el - le lui

poco ritardando

ver - se les ra - sa - des dont ses lau -

riers sont ar - ro - sés. _____ Et

toi, qu'un sou - pir ef - fa - rou - -

che quand tu re - po - ses sur ta cou - -

che, ô vierge! elle ef - fleu - re ta bou - -

vent dé - ce - vant,_____ à tra - vers l'es-

pa - ce, à tra - vers la nuit, el - le

pas - se, el - le fuit, el - le pas - se, el - le

fuit, el - le pas - se, el - le fuit!

Ô vin, dissipe la tristesse

from

HAMLET

Ambroise Thomas

HAMLET:

Ô vin, dis - si - pe la tris - tes - se qui pè - se sur mon cœur! À moi les rê - ves de l'i - vres - se et le ri - re mo - queur! Ô li - queur en - chan - te - res - se, ver - se l'i - vresse et l'ou - bli dans mon

cresc.

cœur!————————— Dou - ce li - queur!—————————————

risoluto e marcato

Ô li - queur en - chan - te - res - se, ver - se l'i-

vres - se dans mon cœur!— Ô li - queur en - chan - te-

res - se, ver - se l'i - vresse et l'ou - bli dans mon cœur!

cresc.

Un poco animato

La vie est som - bre; les ans sont courts.

De nos beaux jours_____ Dieu sait le

nom - bre._____ Cha - cun, hé - las!_____

res - se, ver - se l'i - vresse et l'ou - bli dans mon

cœur!_____ Dou - ce li - queur!_____

Ô li - queur en - chan - te - res - se, ver - se l'i-

vres - se dans mon cœur!____ Ô li-

queur en - chan - te - res - se, ver - se l'i-

vresse et l'ou - bli dans mon cœur! Ver - se - nous l'i-

cresc. *sf* *ff*

vres - se!

ff

8va -- -- -- -- --

Votre toast, je peux vous le rendre

(Toreador Song)

from
CARMEN

Georges Bizet

les sol - dats,_____ oui, les to - ré - ros

peu - vent s'en - ten - dre: pour plai - sirs,_____ pour plai - sirs, ils

ont les_____ com - bats!_____ Le_____ cir - que_est plein; c'est

jour de fê - te! Le cirque est plein_____ du_____

haut en bas._____ Les spec - ta - teurs,_____

per - dant la tê - te, les_____ spec - ta - teurs_____ s'in - ter -

pel - lent à grand fra - cas!_____ A - pos - tro - phes, cris,

et ta - pa - ge_____ pous - sés_____ jus - ques à

To - ré - a - dor, ___ en gar - de! _____

To - ré - a - dor! ___ To - ré - a - dor! ___ Et son - ge bien, oui,

songe en com-bat - tant ___ qu'un œil noir te re - gar -

de et ___ que l'a - mour t'at - tend. To - ré - a - dor, _____

rit. poco   a tempo

l'a - mour, l'a-mour t'at - tend!___

colla voce   *ff* a tempo

Tout d'un coup   on fait si - len - ce,   on fait si -

mf

p

len - ce.   Ah! que se pas - se - t-il?_____

Plus de cris, c'est l'in-stant!   Plus de cris, c'est l'in - stant!

Le tau - reau s'é - lance en bon - dis - sant   hors du to - ril!_____

Il s'é - lan - ce! il en-tre, il frap - pe!_____ Un che - val

rou - le,___ en - traî - nant un pi - ca - dor.___

« Ah! Bra - vo! To - ro! » hur - le la fou - le!

Le___ tau - reau va, il vient, il vient,___ et frap - pe en - core!___ En

se - cou - ant___ ses ban - de - ril - les, plein de fu -

Ah! Pescator

from

LA GIOCONDA

Amilcare Ponchielli

ciel. Va, tran - quil - la_____ can - ti - le - na, per l'az -

zur - ra im-men - si - tà. Ah!_____

_____ Ah! u - na pla - ci - da si - re - na nel - la

re - te_____ ca - sche - rà.

Vision fugitive

from
HÉRODIADE

Jules Massenet

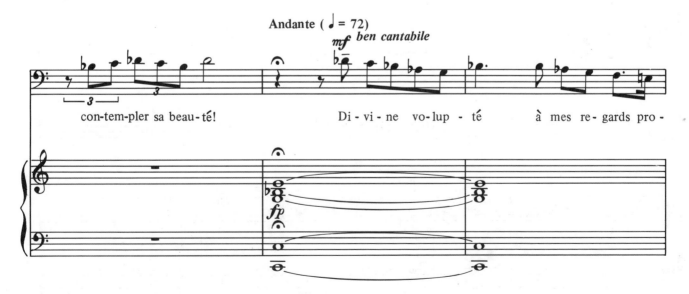

mi - se! Es - pé - ran - ce trop brè - ve qui viens ber - cer mon cœur et trou -

bler ma rai - son... Ah!___ ne t'en - fuis pas, douce___ il - lu - si -

Andante (♩. = 48)

on!

Vi - si - on

159

toi _____ qui prends tou-te ma vi -

animando

animato molto

colla voce

dim.

sf

f

A tempo, appassionato (♩. = 66)

e. _____ Te pres-ser dans mes bras!

f

f

f

dim.

dolce

Sen - tir bat - tre ton cœur d'une a - mou - reuse ___ ar - deur! ___

p dolce

Puis, mou - rir en - la - cés ___

f

più f

dans u-ne même i-vres-se, dans u-ne même i-vres-se

pour ces trans-ports, _____ pour cet-te flam-me,

ah! _____ sans re-mords et sans plain-te je don-ne-rais mon

â ___ me pour toi, mon a-mour, mon es-poir!

Questo amor, vergogna mia

from
EDGAR

Giacomo Puccini

franto, ai suoi piedi mi prosterno,

ai suoi piedi mi prosterno. El - la

ride del mio pianto; del mio sdegno si fa

scherno. Ed io, vil, col cuore infranto, ai suoi

Si può? Si può?
(Prologue)
from
I PAGLIACCI

Ruggero Leoncavallo

170

a tempo

pren - de - re _____ le vec - chie u - san - ze, e a

vo - i di nuo - vo in - via - mi.

rit.

col canto

Un po' meno presto che nell' Introduzione (♩. = 80)

Ma non per dir - vi co - me pria:

pp

« Le la - cri - me che noi ver -

pp

ca - to in - ve - ce pin - ger - vi u - no

squar - cio di vi - ta. E - gli ha per

(pausa) Deciso

mas - si - ma sol che l'ar - ti - sta è un uom

ten.

Meno

e che per gli uo - mi - ni scri - ve - re ei de - ve.

173

174

con dolore

la - cri - me scris - se, e_i sin - ghioz -

zi il tem - po gli bat - te - va - no!

ten.

col canto

(♩. = 56)

animando a poco a poco

Dun - que, ve - dre - te_a -

p misterioso

mar_____ sì co - me s'a - ma - no gli es - se - ri_u -

ma - ni; ve - dre - te dell' o - dio i

cresc. *incalzando*

tri - sti frut - ti. Del do - lor gli spa - si - mi,

ed. *affrett.* *un poco* *f*

ur - li di rab - bia u - dre - te, e ri - sa ci - ni-

rit. *con forza* *ff* *cresc.*

che! E

rit. molto

Andante cantabile (♩ = 60)

vo - i, piut - to - sto che le

no - stre po - ve - re gab - ba - ne d'i - stri - o -

ni, le no - str'a - ni - me con - si - de -

ra - te, poi - chè siam uo - mi -

cresc. molto col canto

ni   di car - ne e d'os - sa,

e   che di   quest' or - fa - no mon - do al

rianimando   e   cresc.

pa - ri di voi spi - ria - mo l'a - e - re!

col canto

col canto

Più lento   quasi recitato

Il con -cet -to vi dis - si. . .   or a -scol-

178

ta - te co-m'e-gli è svol - to.   An-diam.   In - co - min - cia

deciso

te!

Tempo I Vivace

tutta la forza

Ach, wir armen Leute

from
HÄNSEL UND GRETEL

Engelbert Humperdinck

180

Leu - te— al - le Ta - ge so wie heu - te: in dem Beu - tel ein gro - ßes

cresc.

rit.   *a tempo*

Loch, und im Ma - gen ein größ - res noch. Ra - la-la-la, ral - la-la-

rit.   *a tempo*

p

la! Hun - ger ist der be - ste Koch! Ral - la-la, ral - la -la -la

p

la! Hun - ger ist der be - ste Koch!

f

Ja, ihr Rei - chen könnt euch la - ben; wir, die nichts zu es - sen
Ach, wir sind ja gern zu - frie - den, denn das Glück ist so ver -

ha - ben na - gen, ach, die gan - ze Woch', sie - ben Tag an ei - nem
schie - den! A - ber, a - ber, wahr ist's doch, Ar - mut ist ein schwer - es

182

Knoch'! Joch! Ral - la-la-la, ral -la-la-la! Hun - ger ist der be - ste

Koch! Ral-la-la, ral-la-la-la! Hun - ger ist der be - ste

1.

Koch!

2.

Koch! Ja

ja, der_ Hun - ger_ kocht schon gut, so - fern er kom - man - die - ren tut; al -

rit. *tempo*

lein, was_ nützt der Kom - man - dör, fehlt euch im_ Topf die Zu - be - hör?_

tempo

Ral - la - la - la, ral - la - la - la! Küm - mel ist mein Leib - li - kör!

Ral - la - la - la - la, ral - la - la - la - la! Küm - mel ist mein Leib - li - kör!

Voilà donc la terrible cité

from
THAÏS

Jules Massenet

eu - se où j'é - cou - tais chant - er la si -

rène aux yeux d'or! Oui, voi - là mon ber - ceau

très expressif

se - lon la chair, A - le - xan - dri - e!

Ô ma pa - tri - e! Mon ber - ceau, ma pa -

tri - - - e!

Un peu plus agité

De ton a - mour j'ai dé-tour - né mon cœur.

Pour ta ri - ches - se je te hais!

Pour ta sci-ence et ta beau-té, je te hais! Je te

hais!_____

Et main-te - nant_____ je te mau -

dis_____ comme un tem - ple han - tē par les es - prits im - purs!

poco a poco

cresc.

Ve-nez!_____ an-ges du ciel! souf-fles de Dieu!

Tempo I (♩. = 56)

Ve-nez!_____ Ve - nez!_____ an - ges du

rit.

più f

pp **Tempo I**

Zazà, piccola zingara

from
ZAZÀ

Ruggero Leoncavallo

cor___ del tu - o do - lo - re! Quan - to con - vien di

la - gri - me che sul tuo vol - to scen - da

pria che il tuo so - lo ed u - mi - le pel - le - gri - nar ri - pren -

da! Tu lo cre - de - sti

Minnie, dalla mia casa son partito

from
LA FANCIULLA DEL WEST

Giacomo Puccini

non un rim - pian-to vi po-tea la - scia - re! Nes - su - no mai m'a - mò; nes - su - no ho a -

cresc.

p

sostenendo   *a tempo*

ma - to. Nes - su - na co - sa mai mi diè pia - ce - re! Chiu - do nel

mf

pet -to un cuor di bi - scaz - zie - re, a - ma - ro, av-ve-le - na - to, che ri - de dell' a -

mf

Warm as the autumn light

from
THE BALLAD OF BABY DOE

Douglas Moore

list'-ning I was re-call-ing Things that once__ I had want-ed so

much__ And for-got-ten as years slipped a - way._____ A

girl I knew back home in Ver-mont The sea__ in New Hamp-shire, The first sight__ of the

moun - tains._____ They say_____ I've been luck - y;_____ there's

You rascal, you! I never knew you had a soul

from
VANESSA

Samuel Barber

what cham - pagne! _____ But

what am I do - ing with *two* glass - es?

(spoken)

I must have been carrying
one to some charming lady:

Who was she?

Oh well. . .

me. But, oh, so light—on her feet,

so soft,____ so blonde.

Tra la la la, tra la la la, la la la la la la____

a tempo, a little less ♩ = 122

(imitating her)

"Doc-tor, dear Doc-tor, not quite so fast, dear Doc-tor!"

chose the old fam - ily doc - tor___ to make___ the an - nounce - ment.___

A sweet i - dea. . . ver - y touch-ing,

rall. ver - y touch - ing. Good heav-ens, where is my

speech? I should not have drunk so much; I shall mud-dle up ev-'ry-thing.